Donnerwetter,
nun schlaft mal schön!

Kristina Andres, geboren 1971 in Greifswald, wuchs in Mecklenburg auf, wo sie auch heute wieder lebt. Sie studierte zunächst Kunstgeschichte und Literatur in Hamburg und wechselte dann an die dortige Hochschule für bildende Künste. Seit 2002 ist sie als freischaffende Künstlerin tätig. Ihre Kinderbücher erscheinen bei zahlreichen Verlagen.
www.kristinaandres.com

Für Thomas

Dieser Band enthält sämtliche Geschichten aus
Nun schlaft mal schön! und *Donnerwetter, sagte Fuchs.*

Nun schlaft mal schön! wurde 2017 mit dem Leipziger Lesekompass ausgezeichnet.

3. Auflage, 2025
© 2016, 2017 Moritz Verlag,
Kantstr. 12, 60316 Frankfurt am Main
info@moritzverlag.de
Alle Rechte einschließlich der Nutzung des Werks für
Text und Data Mining im Sinne von § 44b UrhG vorbehalten
Druck: BALTO print
Printed in Lithuania
ISBN 978 3 89565 421 3
www.moritzverlag.de

Kristina Andres

Donnerwetter, nun schlaft mal schön!

Vierundzwanzigeinhalb Gutenachtgeschichten
von Fuchs und Hase

*Mit Illustrationen
der Autorin*

Moritz Verlag
Frankfurt am Main

Teil 1

Erste Geschichte

Fuchs und Hase lebten weit weg, hinter den Maulwurfshügeln, in einem kleinen hellen Haus.

Einmal kam Hase um Mitternacht übers Feld gelaufen und klopfte an die Tür, weil Fuchs nachts immer abschloss. Fuchs lag noch wach, denn ihn quälte ein hohles Gefühl im Bauch. Dreimal war er schon aufgestanden und hatte sich etwas zu essen geholt. Einen Teller Nudeln mit Soße. Noch einen Teller Nudeln mit Soße. Noch einen Teller Nudeln, Soße war alle. Aber das hohle Gefühl war geblieben.

Hase klopfte also. Fuchs öffnete. Hase war so außer Atem, dass er zunächst kein Wort herausbekam. Darum sprach Fuchs zuerst: »Hase, ich kann nicht einschlafen! Es ist, als hätte ich ein Loch im Bauch. Etwas fehlt mir!«

»Ich habe dir doch noch keine gute Nacht gewünscht!«, keuchte Hase.

»Ja! Das muss es sein!«, rief Fuchs.

»Gute Nacht, Fuchs!«, pustete Hase.

»Gute Nacht, Hase!«, seufzte Fuchs, ließ die Tür zufallen, wankte glücklich zurück ins Bett und schlief sofort ein.

»Fuchs! Du hast vergessen, mich hereinzulassen!«, rief Hase leise hinter der Tür. Aber er wollte Fuchs nicht wecken. Darum rollte er sich auf der Schwelle zusammen.

Als Fuchs am Morgen hinauswollte, bekam er die Tür nicht auf.

»Oh! Da liegt Hase. Er hat vergessen hereinzukommen, und nun schläft er vor der Tür.«

Fuchs wollte Hase auf keinen Fall wecken. Aber er musste ins Dorf, Sachen für das Frühstück holen. Weil er nicht auf die Idee kam, zum Fenster hinauszuklettern, kroch er durch den Kamin nach draußen. Schwarz bis zur Schwanzspitze lief er los.

Der Bäcker hielt Fuchs für den Wolf in der Lederjacke und schenkte ihm schnell einen Kuchen, damit der Wolf keine schlimmen Wörter zu ihm sagte. Der Fleischer drückte ihm

hastig ein Paket Würste in die Pfoten. Die Gemüsefrau warf ihm einen Kohlkopf nach. Da wurde es Fuchs komisch und er lief zurück nach Hause. Mehr hätte er ohnehin nicht tragen können.

Hase, inzwischen kurz erwacht, kam auf die Idee, durch den Kamin ins Haus zu klettern. Er kroch in Fuchsens Bett und es war noch warm. Als Fuchs nun zurückkam, konnte er Hase nirgends entdecken, aber in seinem Bett lag ein schwarzes Ding.

»Ich habe meinen Schatten vergessen! Kein Wunder, dass alle so seltsam zu mir waren!«, dachte er.

Er wollte seinen Schatten nicht wecken, also deckte er ganz leise den Tisch. Hase wachte vom Kuchenduft auf – es konnte auch der Kohlduft gewesen sein – und setzte sich auf seinen Platz.

»Huuh!«, erschrak Fuchs, als er sich umdrehte und seinen Schatten so unerwartet am Tisch sitzen sah.

»Huuh!«, erschrak Hase, als der Wolf in der Lederjacke sich ihm zuwandte. Aber dann besannen sie sich.

»Fuchs?«, fragte Hase.

»Ich dachte, du wärst mein Schatten«, sagte Fuchs. »Du bist ganz schwarz und alle im Dorf waren komisch zu mir.«

»Das kommt, weil du ganz schwarz bist und aussiehst wie der Wolf in der Lederjacke«, erklärte Hase.

Sie dachten lange darüber nach, aber sie kamen nicht darauf, wovon sie so schwarz geworden waren. Schließlich fiel es Hase doch ein.

»Das ist ein Stück Nacht. Es ist an uns hängen geblieben, weil wir nicht genug geschlafen haben.«

»Gehen wir ins Bett und schlafen, bis wir nicht mehr schwarz sind«, schlug Fuchs vor.

Müde von Kuchen und Würsten und Kohl krochen sie kurz vor Mittag unter die Bettdecke und schliefen bis zum nächsten Tag. Als sie aufwachten, waren sie immer noch schwarz. Zum Glück kam Elefant und nahm sie mit an den Badesee. Danach sahen sie wieder aus wie Fuchs und Hase. Und das Bettzeug war auch sauber. Das hatte Elefant gleich mitgenommen und gewaschen. Elefanten sind nämlich nicht dumm.

Zweite Geschichte

»Lieber Fuchs! Ich wünsche dir eine gute Nacht«, sagte Hase feierlich.

»Lieber Hase! Ich wünsche dir auch eine gute Nacht«, sagte Fuchs darauf.

»Warum *auch*?«, fragte Hase. »Wer außer dir wünscht mir denn noch eine gute Nacht?«

»Ich!«, raunte der Mond. »Ich wünsche dir eine gute Nacht, Hase! Und dir auch, Fuchs!«

»Gute Nacht!«, raschelte die Rose unter dem Fenster.

»Gute Nacht!«, rauschte der Birnbaum.

»Gute Nacht! Gute Nacht! Gute Nacht!«, krähten die Flöhe auf Fuchsens Schweif.

»Gute Nacht!«, murmelten die Himbeeren.

»Gute Nacht!«, bimmelten die Sterne.

»Fuchs!«, rief Hase erschrocken. »Lass uns ganz schnell ins Bett gehen und einschlafen!«

Dritte Geschichte

Eines Abends begann es draußen zu stürmen. Fuchs und Hase hatten einander bereits gute Nacht gewünscht und lagen gemütlich unter der dicken Daunendecke. Der Wind rüttelte wie verrückt am Fenster.

»Ob er hereinwill?«, fragte Fuchs.

»Vielleicht will er uns gute Nacht sagen?«, überlegte Hase. »Ob dem Wind jemals jemand gute Nacht wünscht?«

Fuchs stand noch einmal auf und öffnete das Fenster.

»Gute Nacht, Wind!«, rief er.

Der Wind fuhr heulend herein, warf die Äpfel vom Tisch und den Teekessel vom Herd, blies die Tür vom Kleiderschrank auf und pustete sämtliche Socken heraus. Er fegte die Bettdecke herunter und verteilte die Kaminasche in der Stube, brauste wieder hinaus und schüttelte den Birnbaum. Dann wurde es auch draußen still.

»Siehst du!«, flüsterte Fuchs glücklich in der Dunkelheit.

Vierte Geschichte

Im Winter pfiff der Wind kalt und unbarmherzig ums Haus. In dieser Zeit gingen Fuchs und Hase früh zu Bett. Eines Abends wollte Fuchs dem Hasen besonders gründlich eine gute Nacht wünschen.

»Pass mal auf! Das wird jetzt doll und großartig!«, sagte er und begann: »Lieber Hase, ich wünsche dir eine Nacht mit Träumen von süßer, wilder Möhre, deren Blüten sich im Sommerwind wiegen. Von einer Birne, die in der Sonne glänzt und deren Duft die Schmetterlinge anlockt, von Baumkuchen … und … ja … von einer Leberwurst ohne Zwiebeln, aber mit schönen weißen Fettaugen darin! Von einem Gänslein im goldenen Honigmantel

und von warmen Wachteleiern! Von Hühnersuppe, die zum Fenster herausduftet! Von kleinen gebackenen Pasteten mit Speckschnipseln drin! Von riesigen Schnitzeln mit Spiegeleiern drauf und – hmmmm! – von Regenwurmsalat mit Mayonnaise, von saftigen Fischklopsen und Gulasch mit Sahnehopser …«
Selig schlief Fuchs ein.

Hase lag auf der Seite und hatte die Augen offen.

»Von drei Reihen Kopfsalat im Morgenlicht, von zarten Gräsern, von Butterblumenblüten, die gelbe Zähne machen«, flüsterte er. »Von Rotklee, in den Hummeln stürzen, von Röstbrot mit Schnittlauch, Wegerich und Schafgarbenblüten, von Möhrenkuchen und Apfelgelee, das vor sich hin wackelt, und von süßer Birkenrinde … Und davon, wie wir mit Elefant auf der Wiese am Badesee liegen.« Und da, endlich, schlief auch Hase ein.

Fünfte Geschichte

Einmal, im Sommer, gingen Fuchs und Hase mit Känguru zum Nachtangeln an den Badesee. Sie fingen für jeden einen hübschen Fisch, füllten Seewasser in Kängurus Bauchbeutel und taten ihren Fang dorthinein. Weil die Fische an seinem Bauch hin und her flitzten, musste Känguru lachen.

»Das kitzelt!«

Schon schwappte Wasser heraus.

»Die Fische müssen stillhalten, sonst bekommen wir sie nicht heil nach Hause! Am besten wäre es ja, wenn sie schliefen«, meinte Fuchs.

»Ich sag ihnen mal gute Nacht! Vielleicht wissen sie dann Bescheid«, schlug Hase vor, beugte sich über den Beutel und sagte sehr ernst: »Gute Nacht!«, und: »Nun schlaft mal schön!«

Aber Känguru musste immer noch lachen.

Fuchs versuchte es: »Gu-hu-te Na-hacht!«

Die Fische waren wohl nicht müde.

»Geh langsam im Kreis herum. Vielleicht beruhigen sie sich dann!«, schlug er darum vor.

Känguru ging langsam im Kreis. Das war nicht einfach, denn Kängurus können eigentlich nur hüpfen.

»Wenn ich zum See hingehe, halten sie still. Gehe ich weg, zappeln sie«, verkündete es.

»Stell dich doch mal ins Wasser! Dann schlafen sie ganz sicher ein!«, rief Hase.

Känguru watete bis zu den Knien ins Wasser. Schwupp! Schwupp! Schwupp!, sprangen die Fische in den See zurück.

»Jetzt wissen wir, dass Fische nicht dumm sind!«, sagte es verdutzt. »Kann ich bei euch schlafen?«

Sechste Geschichte

Elefant hatte ihnen gesagt, dass er, wenn er nicht einschlafen konnte, Schafe zählte.

»Schafe machen mich kribbelig. Ich könnte nie schlafen, wenn ich sie auch noch zählen müsste«, sagte Fuchs dazu.

Hase meinte: »Sie sind immer als Erste bei den schönen Kräutern auf der Weide. Die zähle ich bestimmt nicht!«

»Wenn man etwas zählt, dann doch lieber gute Nächte. Dann vergisst man auch nicht, warum«, überlegte Fuchs.

»Fuchs! Lass uns herausfinden, ob wir vom Gute-Nächte-Zählen einschlafen!«, schlug Hase vor.

Sie löschten das Licht und gingen zu Bett.

Hase begann: »Eine gute Nacht. Zwei gute Nächte. Drei gute Nächte. Vier gute Nächte. Fünf gute Nächte …«

Danach zählte Fuchs. Dann wieder Hase. Sie zählten und zählten. Nach einer Stunde oder so wurde es langweilig, im Dunkeln zu zählen, und sie knipsten das Licht an. Sie begannen, nach jeder Zahl auf und ab zu hopsen. Schließlich sprangen sie vom Schrank hinunter ins Bett. Das war für eine Weile ganz lustig, bis sie sich wieder etwas Neues ausdenken mussten.

»Fünfhundertvierunddreißig gute Nächte!«, zählte Fuchs, machte einen Handstand auf dem Küchentisch, schwang sich an der Lampe – juhu! – hinüber zum Schrank und hopste von dort ins Bett.

»Fünfhundertfünfunddreißig gute Nächte!«, zählte Hase, rollte mit Rolle vorwärts vom Bett zum Küchentisch und kletterte rückwärts hinauf, machte Handstand, schwang sich an der Lampe zum Schrank – juhu! – und sprang von dort ins Bett …

Die Mondsichel zog ihre Runde und verblasste. Die Sonne stieg über die Hügel und schien durchs Fenster ins Haus. Sie schien auf Federn, die wie eine geplatzte Wolke überall herumlagen, auf Fuchs, der oben auf dem Schrank eingeschlafen war, und auf Hase, der unterm Tisch schnarchte.

Die Schafe wurden vorbeigetrieben.

»Mäh! Mäh! Mäh!«, drang es von draußen herein.

Fuchs stöhnte leise im Schlaf: »Der Elefant wohnt ganz hinten links im blauen Haus!«

Siebte Geschichte

»Immer sagen wir nur ›gute Nacht‹«, mäkelte Fuchs.

»Dann wünschen wir uns heute eine gute Nacht mit anderen Worten für ›gute‹ und für ›Nacht‹!«, meinte Hase.

Damit war Fuchs einverstanden. Ihm fiel auch gleich etwas ein: »Ich wünsche dir eine gemütliche Schwärze!«

»Und ich wünsche dir eine wohltuende Verfinsterung!«, gab Hase darauf zurück.

Fuchs wünschte Hase eine angenehme Düsternis.

Hase wünschte Fuchs eine erfrischende Dunkelheit.

Fuchs: »Eine selige Finsternis!«

Hase: »Ein anständiges Dunkel!«

Dann schwiegen sie.

Schließlich sagte Fuchs: »Es ist nicht das Gleiche. Gute Nacht, Hase!«

»Gute Nacht, Fuchs!«, seufzte Hase froh.

Achte Geschichte

Einmal, im Sommer, wollten Fuchs und Hase eine Abenteuernacht machen und oben auf dem Hügel zelten. Und überm Feuer drei Käse braten. Als sie das Zelt aufgebaut hatten und das Feuer brannte, kam Elefant.

»Kann ich auch Bratkäse haben?«

Elefant aß drei Bratkäse. Das Zelt stand offen und sah sehr gemütlich aus.

»Kann ich bei euch schlafen?«

»Aber Hase liegt in der Mitte!«, verlangte Fuchs.

Sie legten sich mit den Köpfen nach vorn, damit sie hinaussehen konnten. Auf Elefants Seite machte das Zelt eine große runde Beule.

Nebenan auf der Weide ruhten die Schafe und sahen aus wie Feldsteine.

Elefant war kein bisschen müde. »Ein Schaf, zwei Schafe, drei Schafe …«, begann er.

»Ich zähle lieber nichts! Davon tun einem am Morgen sämtliche Knochen weh!«, raunte Hase Fuchs ins Ohr.

»Genau!«, flüsterte Fuchs zurück.

Das Feuer brannte aus und es wurde sehr finster. Aber unten, am Fuß des Hügels, begann etwas in die Nacht zu leuchten. Elefant hörte auf zu zählen.

»Seht mal, ein Stern! Er kommt zu uns!«

Doch es war kein Stern, der da durch die Nacht blinkte und immer näher kam, sondern der Goldzahn von Oma Wolf. Oma Wolf war gefährlich, denn sie schwang gern ihren alten schwarzen Schirm. Elefant hatte furchtbare Angst vor ihr.

»Oma Wolf ist schrecklich!«, flüsterte er. »Sie schreit!«

In dieser Nacht schrie sie nicht. Sie pirschte sich an die Schafe heran, und dies bestimmt nicht, um ihnen eine gute Nacht zu wünschen. Hase, Fuchs und Elefant hielten den Atem an und duckten sich. Oma Wolf war jetzt so nah, dass sie ihr olles Wollkleid riechen konnten.

Dann gab es ein Gerumpel: Oma Wolf fiel über die Zeltleine und trat in die Käsepfanne. Die Pfanne schlitterte scheppernd unter dem Zaun hindurch auf die Schafkoppel. Oma Wolf fluchte schlimme Wörter in die Nacht. Sie schwang ihren Schirm. Aber das konnte im Dunkeln niemand sehen.

Plötzlich stand Lotte, die große Schäferhündin, neben dem Zelt und leuchtete Oma Wolf mit einer Taschenlampe auf den Goldzahn.

»Geh nach Hause, Oma Wolf, sonst setzt es was!«, sagte sie streng.

Sie gab ihr eine Stulle aus ihrem Rucksack. Oma Wolf trollte sich ohne ein weiteres Wort, denn mit Lotte legte man sich besser nicht an.

»So, Kinder! Dann schlaft mal schön! Hier habt ihr jeder noch 'ne Stulle.«

Lotte führte die Hand zum Gruß an die Schäferhundmütze. Dann öffnete sie das Koppeltor und trieb die Schafe herüber.

Fuchs, Hase und Elefant kauten ihre Stullen auf und schliefen gleich ein. Die Nachtluft roch nach Wolle und Grasrülpsern. Aus dem Himmel leuchteten die Sterne. Vor dem Zelt wachte Lotte. Und drei Schafe schnarchten.

Achteinhalbte Geschichte

»Gute Nacht wünschen muss man ganz leise! Vorsichtig. Damit der Wunsch nicht kaputtgeht«, erklärte Hase. Er nahm einen Apfel, der zur einen Hälfte schön rot und zur anderen sehr grün war, drehte ihn mit der roten Seite zu sich und hauchte: »Gute Nacht, du Lieber!«

Der Apfel schwieg. Hase aß die rote Hälfte auf. Die andere gab er Fuchs. Fuchs biss hinein und verzog das Gesicht.

»Iiih!«

Er warf die grüne Hälfte zum Fenster hinaus in die pechschwarze Nacht. Genau dem Wolf in der Lederjacke an den Kopf, der gerade in ihrem Garten Birnen klaute.

»Ich komm dir gleich rüber!«, drohte der Wolf im Dunkeln.

Hase schlug schnell das Fenster zu.

»Musste das sein? Jetzt ist er sauer!«, rief er erschrocken.

»Das war er schon vorher!«, maulte Fuchs.

Hase kochte Fuchs zum Trost einen Grießbrei mit süßen Himbeeren. Dann gingen sie schlafen, die Bäuche warm und voll, und flüsterten einander »Gute Nacht!« ins Ohr.

Der Wolf in der Lederjacke schlief nicht. Er musste nämlich noch für seine Oma Birnenkompott kochen.

Neunte Geschichte

Fuchs hatte einmal wie ein Murmeltier geschlafen. Das wollten sie zusammen mit Elefant und Känguru genauer ausprobieren.

»Heute Nacht schlafen wir alle als jemand anderes!«, verkündete Hase.

Und dann warteten sie darauf, dass es dunkel wurde. Nachdem es so weit war, sollte Elefant aussuchen, als wer sie schlafen wollten.

»Als Fledermäuse! Mit dem Kopf nach unten!«, entschied er. »Wir hängen uns einfach irgendwo hin.«

»Fledermäuse hängen sich nicht irgendwo hin!«, protestierte Fuchs. »Sie wissen genau, welche Stelle zum Hinhängen gut ist!«

Also musste eine gute Stelle zum Anhängen gesucht werden.

Vielleicht unter dem Dach? Aber unter dem Dach war es furchtbar staubig und voll Gerümpel. Da konnte man nicht hängen, ohne dass einem ein Stuhlbein oder ein alter Pinsel in die Augen stach.

»Gehen wir lieber raus!«, meinte Hase. Es war eine warme, trockene Sommernacht, es sprach also nichts dagegen.

»Und wo hängen wir nun rum?«, wollte Känguru endlich wissen.

»Im Birnbaum!«, bestimmte Elefant.

Der Birnbaum rauschte sorgenvoll auf, aber das hörten sie nicht.

Zuerst kletterte Fuchs in den Baum, dann Hase, dann Känguru. Elefant zum Schluss. Der Baum gab ein leises Ächzen von sich. Sie hakten ihre Beine um die Äste und ließen ihre Köpfe nach unten hängen. Und es flatterte so komisch um sie herum.

»Was sind das?«, rief Elefant besorgt. »Etwa Mücken?«

»Das sind sie! Die Fledermäuse!«, raunte Hase dramatisch.

»Warum schlafen die nicht?«, wunderte sich Känguru.

»Sie wollen mal sehen, wie es richtig geht«, meinte Fuchs. »Sie wollen sich von uns etwas abschauen.« Und ein wenig lauter rief er: »Dann guckt mal gut hin, hier könnt ihr noch was lernen!«

Sie kniffen die Augen zu und hingen so vor sich hin, während die Fledermäuse durch die Zweige um sie herum rauschten.

»Meine Augen wollen nicht zubleiben«, beschwerte sich Känguru. »Sie klappen immer wieder auf!«

»Meine auch!«, klagte Hase.

»Sie klappen runter!«, gab Fuchs zu und klang verärgert. »So kann man ja nicht schlafen, wenn die Augenlider in die falsche Richtung klappen!«

Elefant seufzte, ihm ging es genauso.

»Wir können doch wie Birnen schlafen, nicht wie Fledermäuse. Das ist viel leichter. Wir bleiben einfach so hängen.«

Aber davon wollte der Birnbaum nichts wissen. Er war ein tapferer und freundlicher Baum, aber mit solchen Riesenbirnen wollte er sich nicht abgeben. Es gab ein großes Rauschen, als er sich schüttelte, dann drei Rumse und einen Riesenrums. Dann waren alle unten.

Die Fledermäuse flatterten wie wild durch die Nacht im kleinen Garten. Sie hatten wohl ganz genau hingesehen.

»Ihr könnt einem nur leidtun!«, rief Fuchs ihnen empört nach.

Zehnte Geschichte

Fuchs und Hase gewannen beim Bäckerlotto eine Uhr. Eine blinkende, tickende Uhr, die sie sich schön ins Haus hängten.

Nun wussten sie immer, wann es Zeit war für das Frühstück, wann für das Mittagessen, die Kuchenteezeit und das Abendbrot. Und auch, wann die Zeit kam, um gute Nacht zu sagen.

Um acht Uhr am Abend sagten sie sich das erste Mal gute Nacht. Um acht Uhr fünfzehn das zweite Mal. Um acht Uhr dreißig das dritte Mal. So ging es fort.

Um Mitternacht schliefen sie immer noch nicht.

»Ich kann nicht schlafen!«, maulte Fuchs.

»Gleich müssen wir schon wieder aufstehen!«, jammerte Hase.

So ging es über Wochen. Es war alles ganz schrecklich.

Eines Nachts ließ Fuchs die Tür offen stehen.

Der Mond schien herein. Die Gewinneruhr blinkte vor sich hin. Und im Türrahmen blinkte ein Goldzahn.

»Sei ganz still!«, zischte Fuchs Hase ins Ohr.

Hase wollte Oma Wolf nicht im Haus haben. Keiner wollte das. Keiner, der bei Verstand war. Ob die Uhr Fuchs den Verstand geraubt hatte?

Es klapperte. Das Blinken verschwand. Fuchs wartete noch eine Weile, bis er sich sicher war, dass Oma Wolf wirklich weg war. Dann stand er auf, verriegelte die Tür, knipste das Licht an. Und brach in Freudengeheul aus.

Oma Wolf hatte die Gewinneruhr geklaut. Hase sank erleichtert in die Kissen zurück.

»Gute Nacht, Fuchs«, sagte er. »Ich bin sehr glücklich!«

»Gute Nacht, Hase«, antwortete Fuchs. »Ich auch!«

Sie schliefen sofort ein. Schliefen tief und ruhig wie hundert Murmeltiere. Sie hatten schließlich alle Zeit der Welt.

Oma Wolf saß in ihrem Bett und hielt die Gewinneruhr in den Pfoten. Ihre Augen glühten. Vor lauter Glück würde sie bestimmt nicht einschlafen.

Elfte Geschichte

Hase war krank und schlapp und hustete. Darum hatte Fuchs ein Gutenachtheft gemacht und alle Dinge dort hineingeschrieben, die sie erlebt hatten. Nun saß er auf der Bettkante und las Hase daraus vor.

Er las von dem Stück Nacht, von dem sie beide ganz schwarz geworden waren, und davon, wie ihnen einmal sogar die Himbeeren eine gute Nacht gewünscht hatten. Wie sie einander mit anderen Worten gute Nacht sagen und die Fische in Kängurus Bauchbeutel zum Schlafen bringen wollten. Wie sie den Wind hereingelassen und wie sie gute Nächte gezählt hatten. Vom Zelten auf dem Hügel, dem Schlafen als Fledermäuse und von der Gewinneruhr.

Fuchs las und las, bis es
dunkel war. Er öffnete das Fenster,
um ein wenig Nachtluft hereinzulassen.
Im Garten hatte der Kirschbaum geblüht. Die
Bienen und Hummeln waren da gewesen und hatten
den Blüten von roten, süßen Kirschen erzählt. Nun fuhr
der Wind in den Baum und blies die müden Blütenblätter zum
Fenster herein ins Haus. Immer und immer mehr.

»Hol den Schlitten, Fuchs! Es schneit!«, krächzte Hase im Fieber.

Da holte Fuchs den Schlitten ins Haus, setzte Hase mit der Bettdecke hinein und stülpte ihm auch die warme Wollmütze über die Ohren. Er schob ihn durch die Kirschblüten, hin und her, über Minuten und Stunden. Hase sang im Fieber von Schnee und Schafen und allen Dingen, die weiß sind, bis er endlich in einen tiefen Schlaf fiel.

Fuchs schrieb noch schnell die Geschichte vom Schlittenfahren im Kirschblütenschnee ins Heft, dann legte auch er sich schlafen.

Am Morgen wachte Hase zuerst auf und fühlte sich frisch und stark. Er nahm Fuchsens Heft und las es von vorn bis hinten durch. Und malte, weil Fuchs das noch nicht getan hatte, Bilder hinein und vorne drauf einen schönen Titel:

Gutenachtgeschichten von Fuchs und Hase

Ganz zum Schluss schrieb er auf die Wand über das Bett – aber ganz leise, denn er wollte ihn nicht wecken:

Du bist der beste Fuchs.

Teil 2

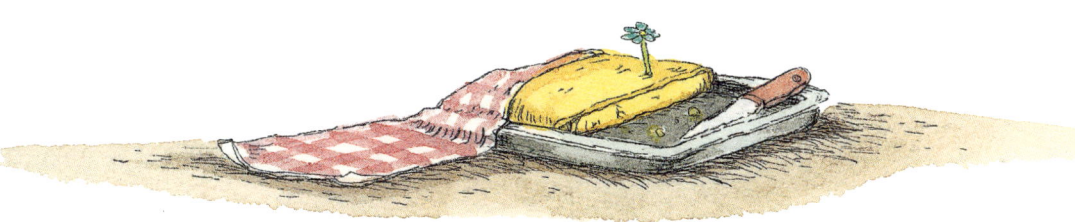

Zwölfte Geschichte

Eines Tages saß Hase am Tisch und es gab ein großes Geräusch. Hase guckte auf seinen Bauch und erschrak fürchterlich.

»Fuchs! Ich habe ein ganz schlimmes Grummeln in mir drin!«, wimmerte er.

Fuchs legte ein Ohr auf Hases Bauch.

»Oh Hase!«, flüsterte er. »Es ist ein Unwetter. Das müssen wir sofort aus dir herauskriegen!«

Fuchs trug Hase nach draußen vor die Tür und schüttelte ihn, den Kopf nach unten, ordentlich aus. Er fasste ihn auch an den Füßen und schwang ihn im Kreis. Es half nichts. Das Unwetter grummelte weiter in Hase herum.

Fuchs telefonierte mit Oma Elefant.

»Oma Elefant sagt, Unwetter kann man im Bauch haben, wenn man etwas Schlechtes gegessen hat.«

Hase schüttelte den Kopf und sank um. Er hatte gar nichts gegessen.

Fuchs rief wieder bei Oma Elefant an.

»Oma Elefant sagt, das schlimmste Unwetter im Bauch kommt, wenn man nichts gegessen hat. In einem leeren Bauch kann sich ein Unwetter gut ausbreiten, weil es so viel Platz hat.« Er hielt den Hörer weiter ans Ohr. »Man muss es vertreiben. Am besten mit viel Käsekuchen oder mit Bratkäse und Apfel-Möhren-Brause, sagt Oma Elefant. Und sie sagt auch, dass der Rummel da ist und die Zuckerwattebude!«

Elefant kam mit einer großen Schüssel Erdbeeren um die Ecke.

»Frag seine Oma, ob Erdbeeren auch gehen!«, hauchte Hase.

Fuchs rief noch einmal bei Oma Elefant an. Fragte. Lauschte. Und nickte. Oma Elefant war die Allerbeste.

»Oh ja!«, flüsterte Hase selig und begann zu essen. Gleich hatte er die halbe Schüssel geleert. Fuchs und Elefant sahen staunend zu, als Hase auch noch die restlichen Erdbeeren vertilgte.

»Kuchen würde noch helfen!«, stöhnte Hase.

Elefant fuhr zu seiner Oma und holte einen großen frischen Käsekuchen. Hase aß zur Sicherheit das halbe Blech.

Dann fragte er Fuchs: »Wie geht es mir jetzt?«

Fuchs lauschte an Hases Bauch.

»Wir haben es geschafft! Das Unwetter ist weg!«, flüsterte er glücklich.

Hase strahlte wie die Sonne.

Am Nachmittag gingen sie zur Zuckerwattebude. Elefant, Hase und Fuchs. Und Oma Elefant holten sie auch ab.

»Bitte?«, fragte der Verkäufer.

»Vier riesengroße rosa Wolken am Stiel!«, sagte Hase.

Dreizehnte Geschichte

Draußen schien die Sonne. Es war ein so frischer, schöner Frühlingstag, dass Fuchs gleich eine gute Idee hatte.

»Hase, ich gehe jetzt ins Dorf und kaufe etwas Feines!«

»Aber du wolltest doch sparen!«, wandte Hase leise ein.

»Das werde ich. Ich nehme nämlich das Geld aus meiner Spardose«, erwiderte Fuchs schlau.

Hase fand das eine prima Idee.

»Ich komme mit!«, sagte er. »Dann sparen wir gemeinsam. Du und ich!«

Das Popcorn zum Selbermachen war im Angebot. Richtiger Knallmais. Fuchs und Hase kauften alles, was da war, und sparten ungeheuerlich viel, trotzdem war das Geld alle. Der Kaufmann lieh ihnen seinen Ziehwagen, damit sie die vielen Tüten nach Hause bekamen. Und überhaupt: Die Sonne schien. Es war ein Prachttag.

»Jetzt machen wir so viel Popcorn, wie wir wollen!«, verkündete Fuchs.

»Damit sich das Sparen auch gelohnt hat!«, meinte Hase zuversichtlich.

Sie kramten ihre Töpfe aus dem Schrank und kippten ordentlich Öl hinein. Fröhlich füllten sie alle vier Töpfe bis zum Rand mit Knallmais. Die Körner waren rund und klein wie Perlen. Allerdings hatte der Kaufmann gesagt, dass sie nur wenig Öl und nur ein ganz bisschen Knallmais in den Topf tun sollten. In einen Topf, nicht in vier.

Hase schaltete die Flammen ein.

Eine Weile passierte gar nichts. Dann begann das Knallen. Es knallte und pufftte.

»Fuchs!«, flüsterte Hase. »Auf den Schrank. Schnell!«

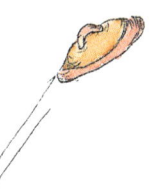

Sie machten, dass sie auf den Schrank kamen, während auf dem Herd das reinste Unwetter losbrach. Die Deckel flogen von den Töpfen. Unaufhörlich quoll Popcorn heraus.

»Eine Wolke!«, schrie Hase. »Fuchs, wir haben eine Wolke gemacht!«

»Und sie hört nicht auf!«, rief Fuchs zurück. »Das kauf ich nie wieder!«

Die Wolke wuchs bis in die Stube hinein und zum Fenster hinaus. Irgendwie schafften es Fuchs und Hase, den Herd abzuschalten.

Dann staunten sie darüber, wie viel sie gespart hatten. Einen Ziehwagen voller Knallmais hatten sie gekauft und dafür ein ganzes Haus voller Popcorn bekommen.

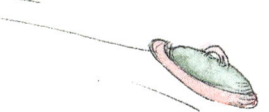

Elefant kam mit seinem Fahrrad. Er wollte Fuchs und Hase zum Feuerwehrfest abholen.

»Das hättet ihr euch sparen können!«, sagte er und schüttelte den Kopf über das, was Fuchs und Hase da angestellt hatten.

»Haben wir doch!«, gab Fuchs trotzig zurück.

Aber dann hatte Elefant eine Idee. Sie knoteten den Ziehwagen ans Fahrrad und nahmen eine Schaufel mit. Dann verkauften sie das Popcorn auf dem Feuerwehrfest. Eine Schaufel Popcorn für eine Münze. Das war nicht viel Geld, ein richtiger Sparpreis. Die Leute kamen und kauften, was das Zeug hielt. Elefant musste hin und her fahren und immer neue Wagen voll herbeischaffen.

Fuchs und Hases Spardosen quollen über. Und Elefants auch. Die hatte er nämlich schnell geholt. Am Ende war das ganze Popcorn alle und das Haus leer. Sie hatten die Spardosen voll und noch einen großen Eimer Münzen dazu.

Der Kaufmann kam und schüttelte den Kopf.

Elefanten sind nicht dumm, dachte er. Kein bisschen.

Vierzehnte Geschichte

An einem schönen Tag, als es so richtig warm war, saßen Fuchs und Hase am Rand der Beete. Über den Gurkenranken, an denen Blüten wie gelbe Sterne wuchsen, gondelte ein Schmetterling.

»Oh!«, staunte Hase. »Der Schmetterling hat eine Gurke gemacht!«

»Und noch eine!«, rief Fuchs bewundernd. Zum Schmetterling meinte er: »Herzlichen Glückwunsch!«

Aber dann flüsterten sie lieber, denn das Gurkenmachen schien ihnen eine schwere Aufgabe und sie wollten den Schmetterling nicht stören. Schließlich sollten die Gurken gut werden.

Den ganzen Sommer lang gossen sie das Beet. Damit die Gurken schön wuchsen.

Das klappte auch. Bald ernteten sie jeden Tag einen Eimer voll. Sie aßen so viel davon, dass sie sich schon ganz grün fühlten.

»Fuchs, so geht es nicht weiter!«, sagte Hase. Keiner konnte immerzu Gurken essen.

»Wir verschenken sie!«, meinte Fuchs großzügig. »Am besten heimlich!«

Sehr früh, dann nämlich, als alle noch schliefen, schlichen sie wie die Räuber ins Dorf und schütteten jeden Tag einen Eimer Gurken vor eine andere Haustür.

Irgendwann war die Gurkenzeit vorbei. Zum Glück.

Eines Morgens, als sie hinauswollten, bekamen sie die Tür nicht auf. Sie stiegen zum Fenster hinaus.

»Oh!«, staunten sie.

Vor ihrer Tür standen: ein Eimer mit Kuchen vom Bäcker, ein Eimer mit Würsten vom Fleischer, ein Eimer mit Schrauben von der Autowerkstatt, ein Eimer Papiergirlanden und Wunderkerzen vom Kaufmann und ein Eimer mit Limonadeflaschen von der Kaufmannsfrau. Ein Eimer Pudding und Sahne vom Milchladen. Ein großer Kürbis vom Gemüseladen. Eine große Packung Taschenlampenbatterien vom Elektrogeschäft. Eine neue Gießkanne von Oma Elefant. Und viele Beutel Glitzershampoo vom Friseur.

Der Schmetterling gondelte vorbei.

»Nächstes Jahr, gleiche Zeit, dasselbe Beet!«, rief Hase ihm nach.

Fünfzehnte Geschichte

Die Sonne schien in den Garten von Fuchs und Hase.

»Hase!«, verkündete Fuchs feierlich. »Ich werde einen Winterschlaf anfangen!«

»Oh«, antwortete Hase vorsichtig. »Ich wusste nicht, dass Füchse so etwas tun!«

»Was sie tun oder nicht, kümmert mich nicht!«, behauptete Fuchs und rollte sich unter dem Birnbaum zusammen.

»Aber Fuchs«, wandte Hase leise ein. »Es ist Sommer. Ganz und gar.«

»Ich halte meinen Winterschlaf, wann ich es will! Ein Winterschlaf ist eine große Sache, man muss rechtzeitig damit beginnen!«

Hase legte sich neben Fuchs. Fuchs öffnete ein Auge und blinzelte ihn an.

»Ich helfe dir«, flüsterte Hase.

Es war ein stiller Sommertag, warm und ohne Wind. Die Geräusche vom Badesee drangen bis zu ihnen in den Garten. Gelächter und Platschen und fröhliches Kreischen, wenn einer von der Brücke ins Wasser hüpfte.

»Das war Elefant«, flüsterte Hase. Niemand sonst brachte solche Donnerplatscher fertig.

»Und die Eisbude hat offen«, murmelte Fuchs.

»Himbeer und Vanille. Mit bunten Krümeln obendrauf«, seufzte Hase.

Fuchs sprang auf, rannte ins Haus und kehrte mit seiner Spardose zurück. Er schüttete die Münzen ins Gras.

»Eis ist wichtig für alle, die im Sommer Winterschlaf halten!«, erklärte er. »Wenn es schon draußen vor lauter Sommer keinen Winter gibt, dann können wir uns welchen in den Bauch füllen!«

Hase verstand, flitzte ins Haus und zurück und leerte den klimpernden Inhalt seiner Spardose ins Gras.

»Wie viel Winter können wir uns davon kaufen?«, fragte er gespannt.

Fuchs zählte und stapelte die Münzen zu kleinen Türmen. Einen für jede Kugel Eis.

»Fünf Kugeln. Für jeden!«

»Juhu! Da werden wir uns aber ordentlich auf den Winterschlaf vorbereiten!«, rief Hase.

»Genau!«, meinte Fuchs.

Sie schütteten das Geld in ihre Badetasche, stopften die Handtücher dazu und sausten los in Richtung Strand.

Sechzehnte Geschichte

»Immer ist Winter nur im Winter, nie im Sommer«, maulte Hase herum.

»Ja, das ist ungerecht«, stimmte Fuchs ihm zu.

»Aber weißt du, was am ungerechtesten ist?«, fuhr Hase fort. »Am ungerechtesten ist, dass man Winterfell nur im Winter hat und Sommerfell nur im Sommer. Ich hätte gern *jetzt* Winterfell.«

»Aber draußen ist es ganz warm!«, wandte Fuchs vorsichtig ein.

»Wenn ich es aber so will?«, setzte Hase dagegen.

Fuchs dachte nach. »Du brauchst einen Ort, wo im Sommer Winter ist. Dort musst du hin.«

»Aber es darf nicht so weit weg sein, sonst bekomme ich doch schreckliche Sehnsucht nach dir!«, rief Hase.

Da hatte Fuchs schon eine Idee: »Der Kühlschrank! Im Kühlschrank ist das ganze Jahr über Winter. Wenn du willst, dass dir ein Winterfell wächst, musst du da hinein.« Und dann fiel ihm noch ein: »Dabei kannst du gleich aufräumen.«

Hase stieg eine Woche lang jeden Tag für eine halbe Stunde in den Kühlschrank und vergaß das Aufräumen. Das Winterfell ließ auf sich warten, dafür wuchs ihm ein Schnupfen.

Der Schnupfen dauerte sieben Tage, dann konnte Hase wieder aufstehen.

Er trat vor die Tür. Draußen war es nicht mehr warm, sondern heiß bei über dreißig Grad. Fuchs kam aus dem Garten und freute sich für Hase, als er ihn da so sah.

»Donnerwetter«, sagte Fuchs.

Winterfell! Wer hätte das gedacht?

»Zum Friseur! Los!«, stöhnte Hase.

Siebzehnte Geschichte

Elefant kam zu Besuch. Weil es ein Tag voller grauer Wolken war und Elefant die gleiche graue Farbe hatte, sahen sie ihn fast nicht, als er zur Gartenpforte hereinschritt.

»Wir müssen die Wolken vertreiben«, überlegte Hase.

»Soll ich sie mal so richtig anbrüllen?«, schlug Fuchs vor.

Hase war sich nicht sicher.

»Die Sonne herbeisingen«, meinte er. »Das wäre besser!«

»Das übernehme ich!«, erklärte Elefant. Er legte sofort los. Durch den Rüssel und immer nach oben weg.

Es klang schrecklich. Zwei Birnen fielen vom Baum.

»Gleich fällt bestimmt auch noch die Sonne vom Himmel!«, flüsterte Hase besorgt in Fuchsens Ohr.

»Vielleicht stürzt sie dann in unseren Garten?!«, freute sich Fuchs. »Hierher, unter den Birnbaum?«

Hase riss entsetzt die Augen auf. »Und wenn sie dabei kaputtgeht? Und das schöne Licht herausfällt?!«

Fuchs sah ein, dass Hase recht hatte.

»Wir tragen das Bett unter den Baum. Damit fangen wir die Sonne auf. Sicher ist sicher.«

Sie ließen Elefant, wo er war, und holten das Bett.

Elefant sang und sang. Durch den Rüssel nach oben weg.

Die Wolken zogen nicht ab. Die Sonne fiel nicht vom Himmel. Dafür verschwand Elefants Stimme. Erst wurde sie ganz kratzig und fusselig, dann bekam Elefant keinen Ton mehr heraus. Der Birnbaum atmete auf.

»Elefant, lass es gut sein! Komm lieber zu uns ins Bett«, schlug Hase vor.

Im Bett war es so warm, dass sie die Sonne gar nicht mehr brauchten. Känguru kam mit Honigbroten für alle und einem dicken Buch über Bienen. Und der Birnbaum wollte, dass sie immerzu daraus vorlasen.

Achtzehnte Geschichte

Eine zornige Wolke stand am Himmel.

»Die sieht aber grimmig aus«, meinte Hase. »Ich werde mal mit ihr reden!«

Er ließ die Wolke zum Fenster herein und redete besänftigend auf sie ein.

Die Wolke blitzte und donnerte herum und regnete den Tisch voll. Regnete und regnete, und dann, auf einmal, war sie weg, einfach verschwunden. Nichts blieb von ihr übrig – außer einer riesigen Pfütze.

»Sie hat mir nicht zugehört«, sagte Hase niedergeschlagen.

Fuchs fand, mit solchen Wolken sollte man ganz anders reden. Als sie im Dorf waren und wieder eine vorbeikam, zeigte er Hase, wie.

»Blöde Wolke!«, rief Fuchs. Und die Flöhe auf seinem Schweif krähten: »Blöde Wolke! Blöde Wolke! Blöde Wolke!«

Da rollte die Wolke mit Blitz und Donner auf sie zu. Fuchs und Hase rannten los. Die Wolke brauste grollend hinter ihnen her.

Oma Wolf kam gerade vom Friseur, Fell und Ohren frisch geföhnt. Fuchs und Hase hetzten ganz dicht vorbei und traten ihr auf die Lackschuhe. Erst Fuchs, dann Hase. Sie hatten im Augenblick einfach keine Zeit, sich vor ihr zu fürchten. Oma Wolf fluchte schlimme Wörter. Sie schwang ihren Schirm – und spießte die Wolke auf. Ein dicker Blitz schlug in die Schirmspitze. Oma Wolf stand das Fell nach allen Seiten ab. Ihr Goldzahn sprühte Funken. Einen Moment lang wusste sie nicht so recht, wo oben und wo unten war und was sie eigentlich heute tun wollte. Genau, zum Friseur. Sie stand ja schon vor der Tür. Sie drehte sich um und ging hinein.

Neunzehnte Geschichte

Einmal, als das Wetter schön war, wollten Fuchs, Hase, Känguru und Elefant wieder eine Abenteuernacht machen, dieses Mal am Badesee. Fische angeln und die Fische am Spieß überm Feuer braten. So ein richtiges Feuer sollte es werden, kein Indianerfeuer mit nur ein bisschen Glut!

Die Fische sprangen ganz in Ufernähe im Wasser umher. Sie schienen sehr interessiert.

»Gleich dürft ihr euch unser Feuer näher ansehen!«, meinte Fuchs zu ihnen. Er hatte ein paar dünne Zweige aufgeschichtet und zündete sie mit einem Streichholz an. Das Feuer brannte lustig auf.

Hase, Fuchs, Känguru und Elefant aßen ihre Stullen. Sie hatten Hunger – aber später würde es ja noch Bratfische geben.

»Bist du auch hungrig?«, fragte Fuchs das Feuer.

Das Feuer knisterte herum.

»Soll ich dich füttern?« Fuchs gab dem Feuer sein Butterbrotpapier.

Das Feuer mochte das Papier gern und hatte es im Nu verschlungen.

»Es mag vielleicht noch ein wenig Holz?«, schlug Hase vor und legte ein paar größere Äste hinein.

Dem Feuer gefielen die Äste. Und wie!

»Es schmeckt ihm!«, stellte Känguru fest.

»Ja, und es wächst!«, rief Fuchs begeistert. »Los, wir füttern das Feuer, damit es groß und stark wird!« Er warf eine ordentliche Portion trockene Blätter in die Flammen. Das Feuer brauste auf.

Juhu!

Es verschlang den Käse, der neben der Feuerstelle lag und den sie erst später hatten braten wollen. Es knusperte Elefants linke Socke weg, die auf einem Stein neben dem Feuer trocknete. Als Nächstes fraß es die Angel, die Känguru aus Stock und Bindfaden gebaut hatte. Die Fische guckten neugierig aus dem Wasser. Der Wald rauschte sorgenvoll auf. Die Sterne erbleichten und auch der Mond wurde ganz blass.

»Nun hat es so viel trockenes Zeug gegessen, es muss etwas trinken!«, meinte Hase.

Elefant griff gleich den Eimer, der eigentlich für die Bratfische gedacht war, und tauchte ihn in den See.

»Mach ihn bis obenhin voll!«, riet Fuchs. »Es hat bestimmt großen Durst!«

Elefant füllte den Eimer bis zum Rand. Und seinen Rüssel gleich mit.

»Jetzt kriegst du was Schönes!«, versprach Fuchs dem Feuer.

Elefant leerte den Eimer ins Feuer. Und den Rüssel hinterher.

Es gab einen großen Zisch und noch größeren Dampf – und das Feuer war weg.

Die Fische im See kicherten.

»Was wisst ihr schon vom Durst!«, sagte Fuchs finster in die Dunkelheit.

Dann gingen sie mit der Taschenlampe nach Hause.

Zwanzigste Geschichte

Es war heiß und trocken. Seit Tagen fehlte der Regen. Die Blumen ließen die Köpfe hängen, und Hase meinte, ihr leises Klagen zu vernehmen.

»Fuchs, lass uns gehen und für die Blumen eine Regenwolke fangen«, sagte er.

»Wie denn?«, fragte Fuchs.

»So, wie die Cowboys Kühe fangen. Mit einem Lasso!«, meinte Hase.

Ein solch langes Seil hatten sie nicht, aber einen Gartenschlauch. Er war alt und gelb und roch nach morschen Zähnen.

»Haltet durch!«, rief Hase den Blumen zum Abschied zu. »Wir retten euch!«

Sie packten den Schlauch und zogen los und hatten ihre Brauseflaschen in der heißen Sonne vergessen.

Sie liefen über alle Hügel und durch drei Wälder hindurch. Um den vierten Wald mussten sie ganz und gar herum, denn die Bäume darin wuchsen dick und knorrig, und der Waldboden schien so düster, dass sie sich fürchteten. Den ganzen Tag verbrachten sie auf Wolkenjagd. Aber sie fanden nicht eine Wolke, die sie hätten fangen können. Völlig ermattet und elend vor Durst kamen sie in der Dämmerung nach Hause.

Im Garten stand Elefant. Auf dem Tisch wartete ein Krug kühle Apfel-Möhren-Brause.

»Das ist genau, was ich suche!«, rief Elefant froh, nahm ihnen den Schlauch ab, schraubte ihn an den Wasserhahn und drehte auf. Über Blumen und Birnbaum rauschte das Wasser. Es rauschte und rauschte und roch nach Regen.

»Den haben wir extra geholt!«, murmelte Hase und goss sich ein viertes Glas ein.

Einundzwanzigste Geschichte

Fuchs hatte einen wilden Tag.

»Ich bin ein Wirbelwind!«, rief er.

Er drehte und wirbelte nur so im Haus herum, dass die Socken in alle Ecken flogen.

Hase wollte noch viel wilder sein als Fuchs.

»Ich bin ein Tornado!«

Er drehte und wirbelte durchs Haus, noch schneller und verdrehter als der Wirbelwind vor ihm, und die Socken flogen hoch und blieben an der Lampe und auf dem Schrank hängen.

»Ein Monstersturm bin ich!«, schrie Fuchs und drehte durch. Die Schranktüren flogen auf, die Kühlschranktür auch. Die Lampe schwang.

Hase stürmte, was er konnte, dagegen an.

Fuchs stürmte an ihm vorbei und zur Tür hinaus.

Hase lugte ihm hinterher.

»Fuchs?«, fragte er leise und ein wenig erschrocken.

»Hase?«, kam es etwas furchtsam von hinter dem Busch. »Ich komm jetzt wieder rein.«

Sie kletterten in den Sessel und schauten sich lieber einen Film über Regenwürmer an.

Zweiundzwanzigste Geschichte

»Ob Wasser herauskommt, wenn man in eine Wolke beißt?«, fragte sich Fuchs.

Hase wusste es nicht.

»Kann man denn überhaupt in eine Wolke beißen?«, wunderte er sich.

»Wir suchen uns eine und probieren es aus!«, meinte Fuchs.

Über dem Hügel hing eine Wolke. Die wollten sie nehmen. Zur Sicherheit packten sie noch Stullen ein.

Oben waberte die Wolke um sie herum. Sie bissen ordentlich hinein. Es kam kein Wasser heraus.

»Von so einer Wolke wird ja keiner satt! Wir nehmen unsere Stullen!«, entschied Fuchs.

»Wir essen die Wolke einfach mit!«, kicherte Hase. »Wir sitzen ja in ihr drin! Wenn wir in unsere Stullen beißen, beißen wir auch in die Wolke!«

Auf dem großen Feldstein saß es sich fabelhaft. Sie raschelten mit ihrem Butterbrotpapier.

»Guten Appetit, Hase!«, wünschte Fuchs.

»Noch besseren Appetit, Fuchs!«, wünschte Hase zurück.

Dann aßen sie los.

Pastor Kohlmeise kam um den Hügel geschlendert.

»Na, Kinder. Schmeckt es? Was esst ihr denn Schönes?«

»Stulle mit Wolke!«, rief Fuchs mit vollen Backen.

»Schmeckt himmlisch!«, gab Hase bekannt.

Pastor Kohlmeise ging weiter und machte ein strenges Gesicht.

Dreiundzwanzigste Geschichte

Mitten im Weg lag eine Pfütze, immer an derselben Stelle. Im Frühjahr, im Herbst und im Winter. Sie war groß wie ein See – jedenfalls kam es Fuchs und Hase so vor. Im Sommer wurde sie kleiner und kleiner und verschwand für einige Zeit. Jetzt aber war Herbst. Drum herumlaufen ging nicht, denn links und rechts erhob sich der Weidezaun.

»Die Pfütze muss weg!«, meinte Fuchs. »Am besten, sie wäre leer! Dann könnten wir nämlich hindurchlaufen und behielten trockene Füße!«

Durch die Pfütze hindurchzulaufen, war im Sommer ganz schön. Aber nun, in der kalten Jahreszeit, konnte es passieren, dass zuerst die Füße nass wurden, die Nässe von den Füßen in die Nase stieg und dort oben wieder herauslief, eine Woche lang. Und manchmal kriegte man dann noch Fieber.

Wie bekamen sie aber nun die Pfütze leer?

»Mit einem Eimer!«, schlug Hase vor.

Also holten sie ihren Eimer und füllten ihn. Nur wohin mit einer Pfütze, die man nicht braucht?

»Wir kippen sie an eine Stelle, wo sie nicht stört!«, rief Fuchs.

»Wir schenken sie dem großen Feldstein auf dem Hügel!«, fiel es Hase ein.

Sie zerrten den vollen schweren Eimer die lange Strecke bis auf den Hügel und leerten ihn dort aus. Das war anstrengend und dauerte, und eigentlich war es schon fast dunkel. Aber sie wollten ihre Arbeit gut machen und schleppten sich auch noch mit einem zweiten Eimer ab.

Inzwischen war der Wolf in der Lederjacke hinter dem Stein auf Lauer gegangen. Sie sahen ihn nicht, und er sah sie nicht, denn er lauerte in die andere Richtung und hatte Stöpsel in den Ohren, aus denen seine Lieblingsdonnermusik quoll.

Fuchs und Hase kippten den zweiten Eimer hinter den Stein.

»Das soll wohl lustig sein?!«, drohte es von dahinter.

Sie machten, dass sie wegkamen. Zum Glück war es ganz finster, und nicht einmal ein Stein hätte sehen können, dass sie es waren. Zu Hause schlugen sie die Tür fest zu und drehten den Schlüssel dreimal rum.

Am nächsten Morgen kam Elefant. Er trug Gummistiefel, nahm den Eimer und stellte ihn, den Boden nach oben, vor der Pfütze ab. Dann stieg er darauf und sprang. Nach fünfmal Springen war die Pfütze erledigt. Sie gingen nach Hause, aßen Kuchen im Bett und feierten das Ende der Pfütze.

In der Nacht begann es zu regnen.

Vierundzwanzigste Geschichte

Die schönen dunklen Tage waren angebrochen, an denen die Leute in den Wald zogen und sich einen Tannenbaum absägten, um ihn ins Haus zu holen und zu schmücken.

Fuchs und Hase gingen in den Kaufmannsladen, in dem es alles gab, und wollten Klebeband kaufen, um ihre selbst gemalten Weihnachtsbilder an der Wand festzumachen.

Hase blieb bei den kleinen Tüten mit den Samenkörnern für den Garten stehen. Gurkensaat, Kürbis, Sonnenblumen, Salat, Klee, Möhren. Kohlrabi, Radieschen, Erbsen und und und …

»Alles!«, flüsterte er. »Einfach alles! Die ganze Welt! Da drin!«

Fuchs bewunderte das Regal mit den Sägen. So viele! Sie hießen Stichsäge oder Bandsäge oder Laubsäge oder sogar Fuchsschwanz.

Oma Wolf kam herein. Hase zog Fuchs schnell hinters Regal.

»Ich brauche einen Fuchsschwanz!«, bellte sie. »Ich will mir einen Baum umsägen!« Sie wühlte in einem kleinen stinkigen Geldbeutel, in dem es klirrte und klimperte. Die Flöhe auf Fuchsens Schweif fiepten entsetzt auf.

»Pssst!«, machte Hase.

Ganz leise schlichen sie aus dem Geschäft.

»Bei Oma Wolf weiß man nie!«, meinte Fuchs.

»Sie wollte sogar bezahlen!«, wunderte sich Hase.

Aber dann kam Pastor Kohlmeise die Straße entlang und betrat den Laden.

»Dicke Luft!«, krähten die Flöhe.

Pastor Kohlmeise nahm Oma Wolf den Klingelbeutel ab, den sie in der Kirche geraubt hatte, und sagte etwas von »Pfui!« und »schämen«. Oma Wolf bekam keinen Fuchsschwanz.

Am nächsten Tag war Heiligabend und der Weihnachtsbaum vom Dorfplatz verschwunden. Wer bei Oma Wolf ins Fenster lugte, sah nichts außer grünen Nadeln. Oma Wolf und ihr Enkel verbrachten die Weihnachtstage in der Küche, weil der Baum in der Stube so groß war, dass außer ihm nichts mehr hineinpasste. Und er guckte oben aus dem Schornstein heraus, also konnten sie auch nicht heizen …

Fuchs und Hase saßen gemütlich mit den Geschenken unter ihrem kleinen Baum. Fuchs packte einen Fuchsschwanz aus. Hase hatte sein allerletztes Geld aus der Spardose dafür ausgegeben.

»Damit Oma Wolf ihn nicht abkriegt!«, flüsterte Hase. »Sicher ist sicher!«

Und Hase bekam von Fuchs ein großes Glas, in dem ALLES war, einfach alles. Fuchs war am Morgen zum Kaufmann gelaufen und hatte den gesamten Inhalt seiner Spardose auf den Verkaufstisch geleert, ganz, ganz viele Saattüten gekauft und dazu noch das schöne große Glas.

»Damit du ALLES hast!«, flüsterte Fuchs.